Ernst Probst

Anna Magnani - Die "Urmutter des italienischen Films"

GRIN Verlag

Bibliografische Information der Deutschen Nationalbibliothek:

Die Deutsche Bibliothek verzeichnet diese Publikation in der Deutschen National-
bibliografie; detaillierte bibliografische Daten sind im Internet über http://dnb.d-
nb.de/ abrufbar.

Impressum:

Copyright © 2012 GRIN Verlag, Open Publishing GmbH
Druck und Bindung: Books on Demand GmbH, Norderstedt Germany
ISBN: 978-3-656-27487-2

Dieses Buch bei GRIN:

http://www.grin.com/de/e-book/200553/anna-magnani-die-urmutter-des-italieni-
schen-films

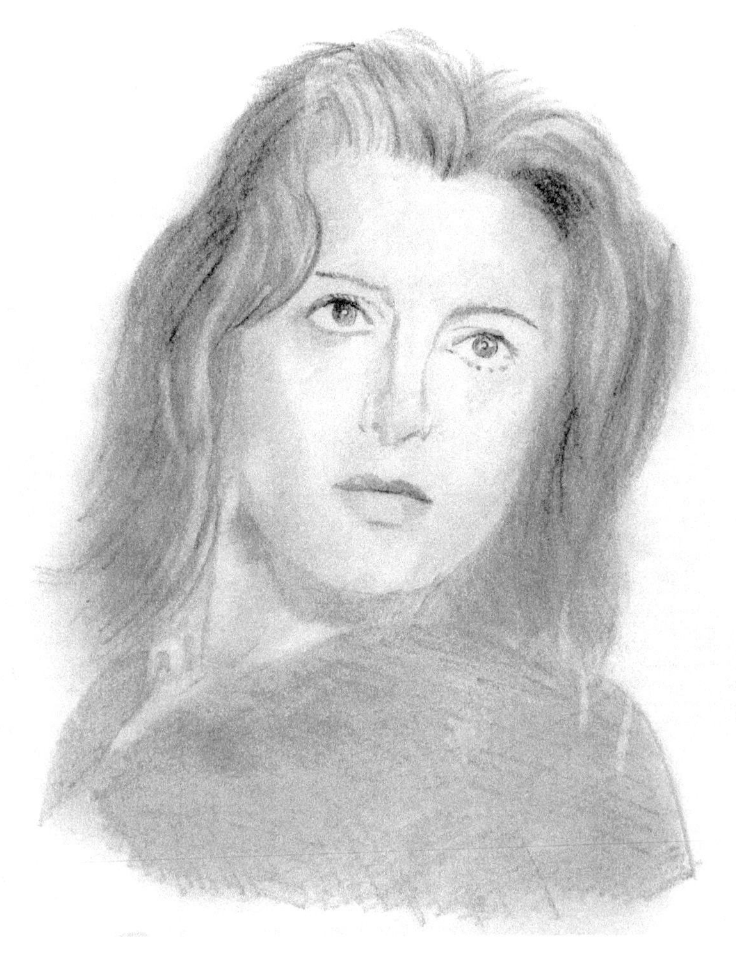

Anna Magnani (1908–1973),
Zeichnung von Marc Heiko Ulrich, Kunstzeichner.de

Ernst Probst

Anna Magnani

Die „Urmutter
des italienischen Films"

Anna Magnani

Die „Urmutter des italienischen Films"

Eine der talentiertesten Schauspielerinnen der Welt war die Künstlerin Anna Magnani (1908–1973), die man als „Urmutter des italienischen Films" bezeichnete. Auf der Kinoleinwand brachte die 1,60 Meter große Künstlerin mit ihrem scharf geschnittenen Gesicht und ihren großen finsteren Augen perfekt sowohl die Bitterkeit als auch den Humor der Nachkriegszeit in Italien zum Ausdruck. Oft spielte sie einfache Frauen aus dem Volk, die um ihre Liebe, ihr Glück oder ihre Kinder leidenschaftlich kämpften.

Anna Magnani wurde am 7. März 1908 unehelich in Rom geboren – und nicht in Ägypten, wie es in einigen Biografien heißt. Sie erhielt den Familiennamen ihrer jungen Mutter Marina Magnani, die als Näherin arbeitete. Ihren aus Kalabrien stammenden Vater, dessen Namen sie nicht wusste, sah sie nie, weil er verschwand, als sie einen Monat alt war.

Die Mutter ging 1911 als 18-Jährige alleine nach Alexandria in Ägypten, um dort zu arbeiten und Geld zu verdienen. Zurück ließ sie ihre dreijährige Tochter, die fortan von ihrer Großmutter mütterlicherseits erzogen wurde und in ärmlichen Verhältnissen im römischen Arbeiterviertel Trastevere aufwuchs. Erst im Alter von neun Jahren sah Anna ihre Mutter wieder, die angeblich in Ägypten einen wohlhabenden Österreicher geheiratet hatte.

1915 kam die siebenjährige Anna Magnani in ein von katholischen Nonnen geleitetes Internat in Trinita bei Monti. Dort lernte sie die französische Sprache und Klavierspielen. Sie war sehr musikalisch, hatte eine tiefe Singstimme und beherrschte irgendwann auch die Gitarre. 1923 wechselte sie auf ein Gymnasium.

1925 begann die 17-jährige Anna Magnani eine Ausbildung an der „Accademia d'Arte Drammatica Eleonora Duse" („Akademie der Dramatischen Künste") in Rom. Diese Ausbildung finanzierte sie mit Auftritten in Nachtlokalen, wo sie als Sängerin gepfefferte dialektgefärbte römische Gassenhauer – so genannte „stornélli" – zum Besten gab. Bereits nach Ablauf der halben Ausbildungszeit verließ sie die Akademie und schloss sich Wanderbühnen an, bei denen sie auftrat. Zu ihrem Repertoire gehörten bald Komödien, Singspiele sowie Tragödien von der Klassik bis in die Moderne. Eine Tournee führte sie sogar bis nach Argentinien in Südamerika.

Erstmals kurz auf der Kinoleinwand sah man Anna Magnani in dem Stummfilm „Scampolo" („Die Mädchen der Straße", 1928) von Augusto Genina (1892–1957). Allerdings wurde ihre kleine Rolle nicht im Abspann dieses Streifens erwähnt.

1933 lernte die 25-jährige Anna Magnani auf der römischen Experimentierbühne „Tetro Vallo", wo sie Chansons sang, den Filmregisseur Goffredo Alessandrini (1904–1978) kennen. Er war ihre große Liebe und wurde 1933 ihr Ehemann.

Ihrem Gatten Alessandrini verdankte Anna Magnani den Kontakt zu dem Drehbuchautor Nunzio Malasomma (1894–1974). Sie bekam in dessen Streifen „La cieca di Sorrento" („Die Blinde von Sorrent", 1934) eine kleine Rolle. Danach wirkte sie in „Tempo massimo" (1934) und „Quei due" (1935) mit. In letzterem Film erwähnte man sie wieder nicht im Abspann. Erneut unter der Regie von Malasomma spielte sie in „Cavalleria" („Fanny", 1935).

Mitte der 1930-er Jahre arbeitete Anna Magnani am „Eliseo-Theater" in Rom. Dort wirkte sie an mehreren Revuen mit. Es folgten die Filme „Trenta secondi d'amore" (1936), „Marietta, la cameria" („Rivalin der Zarin", auch bekannt als „La principessa Tarakanova", 1936) und „La fuggitiva" („Wanda Reni", 1940).

Anna Magnani entsprach nicht dem Schönheitsideal der 1930-er Jahre wie andere große weibliche Filmstars jener Zeit. Doch ihr wirrer Haarwuchs, ihre feurigen und ausdrucksvollen Augen sowie ihr intensiver Blick machten sie zu einer Persönlichkeit, deren Zauber man sich nicht entziehen konnte.

1940 trennten sich Anna Magnani und Goffredo Alessandrini. Offiziell geschieden wurden beide aber erst 1950. In den Kriegsjahren von 1940 bis 1944 trat Anna zusammen mit dem bekannten neapolitanischen Komiker Totò (1898–1967) erfolgreich in Revuen auf.

In „Teresa Venerdi" („Verliebte Unschuld", 1941) unter der Regie von Vittorio de Sica (1901–1974) mimte Anna Magnani eine vulgäre Varietetänzerin. Dieser Film wurde auch außerhalb Italiens in den Kinos gezeigt. Allmählich erregte Anna die Aufmerksamkeit des Publikums und der Kritik.

Am 23. Oktober 1942 brachte Anna Magnani ihren unehelichen Sohn Luca zur Welt. Vater dieses Jungen war der Schauspieler Massimo Serato (1916–1989). Wegen Schwangerschaft und Geburt musste Anna auf die angebotene Hauptrolle in dem Regiedebüt „Ossesione" („Besessenheit", 1943) von Luchino Visconti (1906–1976) verzichten. Ihren Sohn zog sie allein auf. Er erkrankte im Alter von zweieinhalb Jahren an Kinderlähmung, wurde in einer Schweizer Klinik behandelt, konnte später mit Krücken gehen und benötigte einen Rollstuhl.

Über Anna Magnani heißt es, sie sei eine Hypochonderin gewesen. Angeblich hatte sie ständig ein Thermometer bei sich, um ihre Körpertemperatur zu messen. Andererseits hatte sie keine Bedenken, oft Zigarren zu rauchen. Es wird ihr auch nachgesagt, sie sei abergläubisch gewesen und hätte gewisse hellseherische Fähigkeiten besessen.

1943 kehrte Anna Magnani zum Filmgeschäft zurück. Damals tobte noch immer der Zweite Weltkrieg (1939–1945) und schränkte ihre Möglichkeiten stark ein. Der Krieg verhinderte, dass sie in internationalen Produktionen mitwirken konnte.

Die Filmografie von Anna Magnani erwähnt für 1943 ein halbes Dutzend Streifen von „L'avventura di Annabella" bis zu „L'ultima carrozella". Eine kleine Rolle spielte sie in „In fiore sotto gli occhi" (1944).

Über Nacht zum Star wurde Anna Magnani durch den Film „Roma, città aperta" („Rom – offene Stadt, 1945), der den von Widerstand, Verrat und Folter geprägten Alltag von Römerinnen unter deutscher Besatzung schildert. Dieser Streifen entstand unter extrem schwierigen Bedingungen im vom Krieg gezeichneten Italien. Er wurde 1944 gedreht, als die letzten deutschen Besatzer gerade Rom verließen. In jenem Film verkörperte Anna Magnani die schwangere Witwe Pina, die in eine Katastrophe getrieben wird. Der Streifen gilt als ein Meisterwerk des italienischen Neorealismus, den er mitbegründete, und wurde auch international ein großer Erfolg.

Regie bei „Rom – offene Stadt" führte der italienische Filmregisseur Roberto Rossellini (1906–1977). Zwischen ihm und der 22 Monate jüngeren Anna Magnani kam es zu einer stürmischen Liebesaffäre. Beide stammten aus Rom und hatten bereits eine gescheiterte Ehe hinter sich. Rossellini war von 1936 bis 1942 mit der Bühnen-

und Kostümbildnerin Marcella De Marchis (1916–2009) verheiratet gewesen und hatte mit ihr zwei Söhne.

Für den Streifen Rom – offene Stadt" erhielt Anna Magnani den ersten „Nastro d'argento", den italienischen „Oscar". Nach ihrer brillanten schauspielerischen Leistung in diesem Film galt sie weltweit als Idealbesetzung für dramatische Rollen. Fortan arbeitete sie überwiegend nicht mehr für das Theater, sondern fast nur noch für den Film.

Für den italienischen Streifen „L'onorevole Angelina" („Abgeordnete Angelina", 1947) arbeitete Anna Magnani am Drehbuch mit. Bei den Filmfestspielen in Venedig zeichnete man sie für ihre Rolle in diesem Werk als beste Darstellerin aus. Ein weltweiter Kassenschlager wurde die Komödie „Molti sogni per le strada" („Straßenträumereien", 1948), in der die Magnani mitwirkte. In „Amore" („Liebe", 1948) stand sie erneut für ihren Lebensgefährten Rossellini vor der Kamera. Begeistert von seinen Filmen „Rom – offene Stadt" (1945) und „Paisà" (1946) bot die schwedische Schauspielerin Ingrid Bergman (1915–1982) dem Regisseur Roberto Rossellini brieflich ihre Mitarbeit an. Daraufhin gab Rossellini ihr die Hauptrolle für „Stromboli" (1950), die er ursprünglich seiner Geliebten Anna Magnani versprochen hatte. Bei den Dreharbeiten verliebten sich Rossellini und die damals noch mit dem Zahnarzt Petter Lindström verheiratete Bergman. Die Bergman wurde schwanger und kehrte ihrem Ehemann und ihrer Tochter Pia den Rücken, um mit Rossellini zusammenleben zu können.

Tief verletzt stürzte sich die von Roberto Rossellini verlassene Anna Magnani in ihre Arbeit. Unter dem Namen „Ann Magnani" glänzte sie in dem Film „Vulcano" (1950) unter der Regie von William Dieterle (1893–1972). „Vulcano" gilt als Konkurrenzstreifen für „Stromboli". Die Bergman drehte auf der Vulkaninsel Stromboli, die Magnani auf der benachbarten Vulkaninsel Vulcano. Beide Filme handelten von der Isolation einer Außenseiterin in einer fest gefügten Gesellschaft.

Anna Magnani spielte damals die Prostituierte Maddalena, die von der Polizei auf ihre Heimatinsel Vulcano zurückgebracht wurde, der sie vor 18 Jahren den Rücken gekehrt hatte. Diese Insel durfte sie nicht verlassen. Deren Bewohner standen ihr von Anfang an abweisend gegenüber. Nur ihre jüngere Schwester Maria freute sich über ihre Rückkehr, doch bald bekam auch sie die Ablehnung zu spüren. Nachdem man die beiden Schwestern von den auf der Insel üblichen Tätigkeiten ausschloss, arbeiteten sie auf dem Boot von Donato, der vorgab, ein Taucher zu sein. Maria verliebte sich in den attraktiven Donato, doch Maddalena misstraute ihm und befürchtete, dass Maria den gleichen Fehler begehen könnte wie sie einst.

Roberto Rossellini heiratete 1950 Ingrid Bergman und zeugte mit ihr drei Kinder. Er blieb aber auch ihr nicht treu und wurde 1958 nach einer Affäre mit der Inderin Sonali Dasgupta von der Bergman geschieden.

In dem Film „Bellissima" (1951) unter der Regie von Luchino Visconti glänzte Anna Magnani in der Rolle einer frustrierten Mutter aus dem Volk. Diese Frau hatte ihre Sehnsüchte und Träume auf ihre Tochter projeziert und versuchte, aus dieser einen Filmstar zu machen.

Der französische Regisseur Jean Renoir (1894–1979) verpflichtete Anna Magnani für seine Komödie „La carrozza d'oro" („Die goldene Karosse", 1952) und war begeistert von ihr. Er bezeichnete sie später als beste Schauspielerin, mit der er je zusammengearbeitet habe.

Der amerikanische Schriftsteller Tennessee Williams (1911–1983) kam persönlich mit seinem Agenten nach Rom, um Anna Magnani als seine Traumbesetzung für die Hauptrolle in dem Hollywood-Film „The Rose Tattoo" („Tätowierte Rose", 1955) zu gewinnen. Er hatte sein Theaterstück zu einem Filmdrehbuch umgearbeitet. Anna sagte zu und spielte an der Seite von Burt Lancaster (1913–1994). Für ihre überzeugende Rolle als italo-amerikanische Witwe Serafina Delle Rose erhielt sie 1956 als erste Italienerin einen „Oscar" als beste Schauspielerin. Als ein Journalist sie aus dem Schlaf risse, um ihr die freudige Nachricht vom „Oscar"-Gewinn zu überbringen, wollte sie ihm nicht glauben und beschimpfte ihn als Lügner. Nachdem Bekannte den „Oscar"-Gewinn bestätigten, traten ihr Freudentränen in die Augen. Bis dahin war sie davon ausgegangen, nie diese prestigeträchtige Auszeichnung zu erhalten.

Bald galt Anna Magnani als eine der talentiertesten Schauspielerinnen der Welt. In „Wild is the wind" („Wild ist der Wind", 1957) unter der Regie von George Cukor (1899–1983) war Anthony Quinn (1915–2001) ihr Filmpartner. Hierfür erhielt sie bei den „Berliner Filmfestspielen" den Preis als beste Schauspielerin. Für „Nelle cittá l'inferno" („Die Hölle in der Stadt" bzw. „Frauen hinter Gittern", 1959) verlieh ihr Staatspräsident Giovanni Gronchi (1887–1978) den höchsten italienischen Filmpreis „David di Donatello". Danach sah man sie und Marlon Brando (1924–2004) in „The Fugitive Kind" („Der Mann in der Schlangenhaut", 1959) unter der Regie von Sidney Lumet (1924–2011). Als weiterer Meilenstein in ihrer Karriere gilt ihre unvergessene Darstellung in „Mamma Roma" (1962) unter der Regie von Pier Paolo Pasolini (1922–1975).

Erstmals seit einem Jahrzehnt hatte Anna Magnani 1965 in dem Theaterstück „La Lupa" („Die Wölfin") von Giovanni Verga (1840–1922) und in der Inszenierung von Franco Zeffirelli wieder einen Auftritt auf einer Bühne. Mit diesem erfolgreichen Stück gastierte sie in der Reihe „Theater in vier Sprachen" des „Zürcher Schauspielhauses" in Florenz, Zürich, Wien, Paris, Rom und seit 1966 auch am Broadway in New York City. Einen weiteren triumphalen Erfolg auf der Theaterbühne feierte sie in dem Stück „Medea" von Jean Anuilh (1910–1987) unter der Regie von Gian Carlo Menotti (1911–2007).

1971 wirkte Anna Magnani in drei Folgen der italienischen Fernsehserie „Tre donne" mit. Einen letzten Auftritt im Film hatte sie in „Roma" bzw. „Fellinis Roma" (1972) unter der Regie von Federico Fellini (1920–1993). Dabei spielte sie am Schluss sich selbst.

Von Anna Magnani sind auch witzige Zitate überliefert. Unter anderem sagte sie: „Die Fantasie der Männer reicht bei weitem nicht aus, um die Realität Frau zu begreifen". „Die Männer wünschen sich eine Frau, mit der man Pferde stehlen kann. Frauen wünschen sich Männer, mit denen man ein Auto kaufen kann". „Wenn Männer sich mit ihrem Kopf beschäftigen, nennt man das denken. Wenn Frauen das Gleiche tun, heißt das frisieren". Ihre Spitznamen waren „La Magnanini" und „Nannarella" gewesen.

Anna Magnani hatte oft eine Menge Freunde um sich, sei es in ihrer Residenz in Rom oder in ihrem Sommerhaus am Meer. Eine große Liebe hegte sie für Hunde und Katzen. Im reiferen Alter glichen ihre Wohnungen regelrecht einem Hundeasyl. Ein Faible hatte sie auch für schnittige Autos.

In ihren letzten Lebensjahren versöhnte sich Anna Magnani mit dem Mann, der sie einst schmählich verlassen und schwer enttäuscht hatte: nämlich mit Roberto Rossellini. Als man ihre Krebserkrankung erkannte, war sie untröstlich. Rossellini wich in den letzten Wochen ihrer Krankheit nicht von ihrer Seite. Am 26. September 1973 starb Anna Magnani als 65-Jährige im Spital „Mater Dei" in Rom an Bauchspeicheldrüsenkrebs. Viele Italiener trauerten um sie. Angeblich kamen mehr als 100.000 Menschen zu ihrem Begräbnis. Ihre letzte Ruhe fand sie im Familienmausoleum von Roberto Rossellini im zwei Stunden Autofahrt von Rom entfernten Felice Circeo. In einer Biografie über sie heißt es, sie habe wie keine andere Schauspielerin die Seele und das Lebensgefühl Italiens verkörpert.

Filme von Anna Magnani

(Auswahl)

1938: Rivalin der Zarin (Tarakanowa)
1941: Verliebte Unschuld (Teresa Venerdì)
1943: Campo de Fiori
1944: Närrisches Quartett (Quartetto pazzo)
1945: Rom, offene Stadt (Roma, città aperta)
1945: Zum Teufel mit der Armut (Abbasso la miseria)
1946: Der Bandit (Il bandito)
1946: Zum Teufel mit dem Reichtum (Abbasso la ricchezza)
1947: Die Gezeichnete (Assunta Spina) – Regie: Mario Mattoli
1947: Abgeordnete Angelina (L'onorevole Angelina) – Regie: Luigi Zampa
1948: Amore (L'Amore)
1948: Straßen-Träumereien (Molti sogni per la strada)
1949: Vulcano (Vulcano)
1951: Bellissima (Bellissima)
1952: Anita Garibaldi (Anita Garibaldi)
1952: Die goldene Karosse (La carrozza d'oro)
1953: Wir Frauen (Siamo donne)
1955: Die tätowierte Rose (The Rose Tattoo)

1957: Schicksal einer Nonne (Suor Letizia)
1957: Wild ist der Wind (Wild is the Wind)
1958: Die Hölle in der Stadt (Nella città l'inferno)
1960: Der Mann in der Schlangenhaut (The Fugitive Kind)
1960: Dieb aus Leidenschaft (Risate di gioia)
1962: Mamma Roma (Mamma Roma)
1967: Made in Italy (Made in Italy)
1969: Das Geheimnis von Santa Vittoria (The Secret of Santa Vittoria)
1972: Fellinis Roma (Roma)

Quelle: Wikipedia

Zitate von Anna Magnani

Der Alltag der meisten Menschen
ist stilles Heldentum in Raten.

Die Phantasie der Männer
reicht bei weitem nicht aus,
um die Realität Frau zu begreifen.

Eine Geschiedene ist eine Frau, die geheiratet hat,
um nicht mehr arbeiten zu müssen, und nun arbeitet,
um nicht wieder heiraten zu müssen.

Ein Mann am Steuer eines Autos ist ein Pfau,
der sein Rad in der Hand hält.

Wie ein Mann fährt, so möchte er sein.

Literatur

FEMBIO Frauen-Biographie-Forschung
http://www.fembio.org
INTERNET MOVIE DATABASE
(Film-Datenbank) http://www.imdb.com
MÖHRMANN, Renate: Ingrid Bergman und Roberto
Rossellini: Eine Liebes- und Beutegeschichte, Berlin
1999
PROBST, Ernst: Königinnen des Films 1, München
2012
PROBST, Ernst: Königinnen des Films 2, München
2012
PUBLIKUMSLIEBLINGE NICHT NUR VON
GESTERN http://www.steffi-line.de
Internetseite von Stephanie D'heil, Düsseldorf
RÖNN, Peter von: Anna Magnani. Die römische Duse
– Eigene Tragik steigerte ihre Kunst. Interpress Kultur,
Internationaler biographischer Pressedienst, 26. Februar
1968, Hamburg
WIKIPEDIA (Online-Lexikon) http://wikipedia.org
WINNERT, Derek (Herausgeber): Anna Magnani. Aus:
Kino. Die große Welt der Filme und Stars, S. 124, Nie-
dernhausen 1995

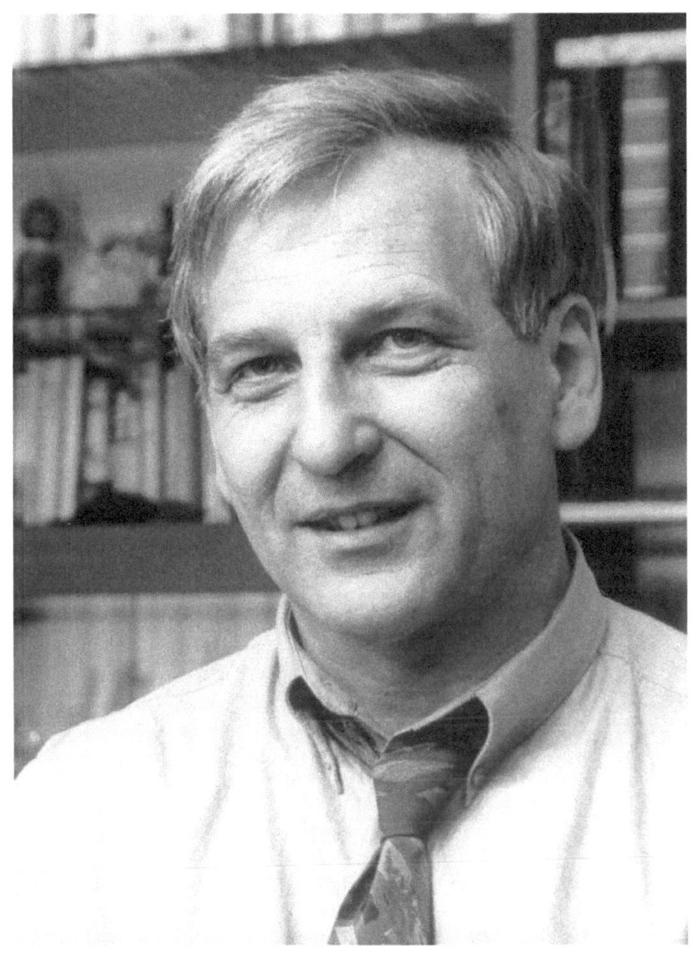

Autor Ernst Probst,
Foto: Klaus Benz, Mainz-Laubenheim

Der Autor Ernst Probst

Ernst Probst, geboren am 20. Januar 1946 in Neunburg vorm Wald im bayerischen Regierungsbezirk Oberpfalz, ist Journalist und Wissenschaftsautor. Er arbeitete von 1968 bis 1971 als Redakteur bei den „Nürnberger Nachrichten", von 1971 bis 1973 in der Zentralredaktion des „Ring Nordbayerischer Tageszeitungen" in Bayreuth und von 1973 bis 2001 bei der „Allgemeinen Zeitung", Mainz. In seiner Freizeit schrieb er Artikel für die „Frankfurter Allgemeine Zeitung", „Süddeutsche Zeitung", „Die Welt", „Frankfurter Rundschau", „Neue Zürcher Zeitung", „Tages-Anzeiger", Zürich, „Salzburger Nachrichten", „Die Zeit", „Rheinischer Merkur", „Deutsches Allgemeines Sonntagsblatt", „bild der wissenschaft", „kosmos", „Deutsche Presse-Agentur" (dpa), „Associated Press" (AP) und den „Deutschen Forschungsdienst" (df). Aus seiner Feder stammen die Bücher „Deutschland in der Urzeit" (1986), „Deutschland in der Steinzeit" (1991) und „Deutschland in der Bronzezeit" (1996). Von 2001 bis 2006 betätigte sich Ernst Probst als Buchverleger sowie zeitweise als internationaler Fossilienhändler und Antiquitätenhändler. Insgesamt veröffentlichte er rund 200 Bücher, Taschenbücher, Broschüren und E-Books.

Bücher von Ernst Probst

(Auswahl)

Als Mainz noch nicht am Rhein lag

Annie Oakley
Die Meisterschützin des Wilden Westens

Archaeopteryx. Der Urvogel
aus Bayern

Christl-Marie Schultes. Die erste Fliegerin in Bayern
(zusammen mit Theo Lederer)

Cortés und Malinche. Der spanische Eroberer
und seine indianische Geliebte

Der Europäische Jaguar

Der Mosbacher Löwe
Die riesige Raubkatze aus Wiesbaden

Der Rhein-Elefant
Das Schreckenstier von Eppelsheim

Der Sögel-Wohlde-Kreis

Die nordische Bronzezeit in Deutschland

Die Hügelgräber-Kultur in Deutschland

Die ältere Bronzezeit in Nordrhein-Westfalen

Die Bronzezeit in der Lüneburger Heide

Die Stader Gruppe

Die Oldenburg-emsländische Gruppe

Die Urnenfelder-Kultur in Deutschland

Die ältere Niederrheinische Grabhügel-Kultur

Die Unstrut-Gruppe

Die Helmsdorfer Gruppe

Die Saalemündungs-Gruppe

Die Lausitzer Kultur in Deutschland

Eiszeitliche Leoparden in Deutschland

Frauen im Weltall

Hildegard von Bingen. Die deutsche Prophetin

Höhlenlöwen. Raubkatzen
im Eiszeitalter

Julchen Blasius
Die Räuberbraut des Schinderhannes

Katharina II. die Große.
Die Deutsche auf dem Zarenthron

Johann Jakob Kaup
Der große Naturforscher aus Darmstadt

Königinnen der Lüfte in Deutschland

Königinnen der Lüfte in Europa

Königinnen der Lüfte in Amerika

Königinnen der Lüfte von A bis Z

Rund 70 Kurzbiografien berühmter Fliegerinnen,
Ballonfahrerinnen, Luftschifferinnen,
Fallschirmspringerinnen, Astronautinnen und
Kosmonautinnen

Königinnen des Films

Königinnen des Tanzes

Königinnen des Theaters

Malende Superfrauen

Meine Worte sind wie die Sterne

Die Entstehung der Rede des Häuptlings Seattle
(zusammen mit Sonja Probst)

Monstern auf der Spur
Wie die Sagen über Drachen, Riesen
und Einhörner entstanden

Neues vom Ur-Rhein
Interview mit dem Geologen und Paläontologen
Dr. Jens Sommer

Sturzflüge für Deutschland.
Kurzbiografie der Testpilotin Melitta Schenk
Gräfin von Stauffenberg
(zusammen mit Heiko Peter Melle)

Tony und Bruno Werntgen.
Zwei Leben für die Luftfahrt
(zusammen mit Paul Wirtz)

Was ist ein Menhir?
Interview mit dem Mainzer Archäologen
Dr. Detert Zylmann

Weisheiten der Indianer

Wer ist der kleinste Dinosaurier?
Interviews mit dem Wissenschaftsautor Ernst Probst

Wer war der Stammvater der Insekten?
Interview mit dem Stuttgarter Biologen
und Paläontologen Dr. Günther Bechly

Zenobia von Palmyra.
Eine Frau kämpft gegen die Römer

Bestellungen bei: http://www.grin.com